心配しなさんな。悩みはいつか 消えるもの

板橋興宗
元曹洞宗管長・御誕生寺住職

無為自然《むゐじねん》

興宗

「無為自然」とは、いまから二千五百年ほど昔の中国の哲人、老子のお言葉です。「あるがまま」の意味です。

はじめに

明日の心配は、明日でよい

満九十歳、数えで九十一歳になりました。

北陸の田舎町の檀家もない寺で、私はいまも、修行僧や猫たちと、のんびり暮らしております。境内で気ままに暮らす猫たちを見に、毎日、たくさんの人がいらっしゃいます。

ここは平和を絵に描いたような寺です。

私も、できるだけ時間を見つけて庭先に出るようにしております。そうしますと、いろんな方から、さまざまな相談事といいますか、悩みを打ち明けられます。

病気の悩み、仕事のこと、お子さんの心配、親の介護に、若い女性なら恋の悩みなど……。

生きていれば、いろいろなことが起こります。よいときばかりではありません。

よいときは、「ああ、自分は幸せ者だ」と思うものですが、ひとたび悪いことが起こると、途端に「自分ほど運の悪い人間はいない」と思えてくる。

人知れず悩みを抱えて、悶々《もんもん》と苦しむこともあるでしょう。

明日はどうなるかと、不安で居ても立ってもいられないことも、あるかもしれません。

東北大学の総長でもあられた哲学者の高橋里美先生は、「農家の人が毎日田畑を耕し、夕方鍬《くわ》をかついでわが家に帰ってくる。そのような単調な繰り返しのなかに人間の幸せはあるのだ」とおっしゃいました。

自分がとるに足りないちっぽけな存在に思えたとしても、私たちは、いま生きている。人は、生きているだけで素晴らしいのです。

どんな人生にも優劣はありません。勝ち負けもありません。

すぎたことを悔やんではいけません。

明日の心配は、明日考えればいいのです。

ただ、いま、この瞬間を実感しつつ生きてまいりましょう。

不運や困難を消し去ることはできません。しかし、どんな逆境にあってもそれを悩みとせず、穏やかに飄々《ひょうひょう》と生きることはできるのです。

その心がまえをぜひみなさんにお伝えしたく、本書を書かせていただきました。

心配事や不安にとらわれない心の極意とともに、禅の修行をヒントに、日常生活でも実践できる悩まないためのコツも、ご紹介させていただきます。

老いた私でも、年の功で、少しでもみなさまのお役に立てたら幸いでございます。

御誕生寺住職　板橋興宗

心配しなさんな。悩みはいつか 消えるもの

目次

はじめに

心配、不安、自己嫌悪……。
すべての悩みは、自分が頭で生み出したもの。 12

喜びも悲しみも、
ただ「あるがまま」に受け入れる。 16

苦手な人も、人生を味わい深くしてくれるもの。
この世にいなくていい人は、ひとりもいません。 20

劣等感は、
自分らしい生き方を探す道しるべ。 24
起こることに、幸も不幸もない。
ただあるがままに生き、
毎日を「好日《こうじつ》」にいたしましょう。 28
おいしいものを求め続けるのではなく、
「おいしく」いただく生き方を大切にする。 32
猫は悩まない。 37
悩みや心配があっても、
規則正しい生活さえしていれば
心が安らいでいくものです。 45
意味のないことに、
ただ無心で打ち込んでみる。 52

迷ったときは、直感の声にのってみる。 56
人生に無駄はない。
苦を知ってこそ、人間は深まるのです。 60
悩みは、水面に広がった波紋のように、
いつか消えてなくなるもの。 64
「丹田《たんでん》」を意識して、
深くゆっくり息をする。 68
それだけで、心が穏やかになります。
「グニャリ、ダラリ」は心が弱るもと。 73
背筋を伸ばす習慣をつけましょう。
「百歳現役」をめざす、坐禅のすすめ。 77
右脳からの言葉を聞く。 82

執着や思い込みを手放すには、掃除がいちばん。 86
愚痴を言いたくなったら、「ありがとさん」。 91
人と人の絆づくりは、「お早うございます」の挨拶から。 98
「人目」を気にして生きる。 105
つねに人に対して謙虚であれ。そして、優しさと思いやりの心で接しましょう。 112
人には年齢に応じた「初心」がある。何歳になっても、「うぶ」な心を大切に。 118
頭で歩かず、足の裏で歩く。 125

133 もう頭でよけいなことを考えない。年を取るのもいいものです。

139 ただ息をしている。ただ生きている。それだけで素晴らしい。

143 「どう死ぬか」より、「どう生きるか」が大事。死んだあとのことは、死んでから考えよう。

おわりに

装丁　ナカジマブイチ（BOOLAB.）
本文デザイン　関根康弘（T-Borne）
写真　後藤さくら
編集協力　金原みはる

心配、不安、自己嫌悪……。
すべての悩みは、
自分が頭で生み出したもの。

つらいこと、苦しいこと。人生、うまくいかないことも多いものです。どうにもならず、くよくよ悩んでしまう。いつまでもグチグチと考え込んでしまう……。そんな方もおられるでしょう。

かくいう私とて、若いころはそうでした。

終戦を海軍兵学校でむかえ、ふるさとの宮城県に戻ったときのこと。私は体調を崩し、その翌日から入院するはめになりました。

肋膜炎、いまでいう結核です。いつ治るかもわからぬ病のなか、敗戦の虚脱感や、ガラリと価値観が変わった世の中への不信感も手伝って、私は日々悶々と悩み苦しみました。

「なんで、こんな目にあうんだ」

「これからどう生きていったらいいのだろう」

すっかりノイローゼになり、不眠症にまでなってしまったのです。

いま思えば、あのときの私は、頭であれこれ考えすぎていました。

こんな話があります。禅宗の初祖・達磨《だるま》大師が、あるとき、弟子である慧《え》可《か》大師からこう懇願されます。

「私には悩みが多すぎます。どうか取りのぞいてくださいませんか」と。

達磨大師は答えました。「よし、わかった。では取りのぞいてあげるから、おまえの悩みを私の前にさし出しなさい」。

これを聞いて、慧可大師は困惑します。さし出そうにも、実際、さし出せるはずがないからです。そこで慧可大師は気づくのです。悩みには実体というものはなく、すべては自分の頭でつくり出したものなのだと。

たしかにそうではないですか。人間は、想像力が豊かです。たとえば病気になれば、「いつまで生きられるのだろう」「仕事ができなくなったらどうしよう」「お金がなくなり、路頭に迷ったらどうしよう」などと、どんどん悪いほうへ悪いほうへと想像をふくらませてしまう。

現実には、まだ仕事がなくなったわけでも、路頭に迷ったわけでもない。にもかかわらず、自分の頭で最悪の事態を予想して、わざわざ悩みを生み出しているのです。つまり、考えることで自分を追い詰めているのです。

もちろん、病気はつらい。しかし、あなたが悩んでしまうのは、病気のせいではありません。どんなできごとが起きようと、それを悩みにするか、しないかは、自分次第ということです。

禅語には「非思量《ひしりょう》」という言葉があります。

ひと言でいえば、考えないこと、無になること。「悲しい」ときは、ただ悲しめばいい。「苦しい」ときは、ただ苦しめばいい。そこに、考えを持ち込まない。これが人生をよりよく生きる秘訣なのです。

喜びも悲しみも、
ただ「あるがまま」に受け入れる。

「考えるな」と言われても、考えてしまう。「もう考えるのはよそう」と頭で思えば、それもまた考えていることになってしまう。

「では、どうしたら考えずにすむのでしょうか」と、よく聞かれます。

考えないとは、考えを無理に停止することではありません。頭ではなく、からだが素直に反応する状態です。

軒下に下がった風鈴を思ってください。

風鈴は、風が吹けばチリンチリンと鳴ります。弱い風にはか細くチリリン、吹きすさぶ強い風にはジリンジリン。ただ、無心に響きを返します。

考えないとは、この状態になることです。

「平常心是道《びょうじょうしんぜどう》」という禅語があります。

「平常心」というと、むやみに喜んだり怒ったりせず、平静にしていることと、考える人も多いでしょう。しかし、禅の考え方はそうではありません。

人間には喜怒哀楽があるのだから、つねに平静でいられるはずがない。

褒められれば喜び、バカにされれば腹が立つ。親しい人との別れには涙するし、猫好きの私なら、猫とたわむれていれば楽しく、心が躍るのです。

こうしたあたりまえの反応が、禅でいう平常心なのです。

たとえば、緊張しているとき、「緊張しないようにしよう」と考えればよけいに緊張します。坐禅をしているとき「無心になろう」と考えれば逆に雑念だらけになってしまいます。ですから、緊張は緊張のまま、雑念は雑念のまま。そのまま放っておく。ありのままでおればよいのです。

大自然のなかでは、花や木や虫たちも、みんなありのままに生きています。

春がくれば植物は芽ぶき、冬になればその葉を大地に落とします。

人間も同じです。暑いときは、「ああ、暑い」、寒いときは「ああ、寒い」。おなかがすいたら「ああ、腹減った」と、ただそのままに実感していればよいのです。

ところが、人間というのは、ありのままではいられません。

誰かにバカにされたら、「ああ、しゃくにさわる」だけでいいのに、「なぜあんなことを言われたんだ。私が何をしただろう」と原因を追及したり、ときには「こんな私には価値がない」と自己否定に走ったり。

次々と言葉を重ねて考えるから、悩むのです。

風鈴は、風のなすままに、ただ鳴ります。

「ここはひとつ風に抵抗してやろう」とか、「どうしたらもっと美しく鳴るだろう」などとは考えません。

風鈴のように、何事もチリリ〜ンと受け流してみてはいかがでしょう。

あるはあるがまま、ないはないまま、嬉しいは嬉しいまま、悲しいは悲しいまま。これが「いのち」の実感であり、それを「ほとけ」ともいうのです。

苦手な人も、人生を味わい深く
してくれるもの。
この世にいなくていい人は、
ひとりもいません。

禅の修行道場のことを、昔から「叢林《そうりん》」といいます。「僧林」ではなく、「叢」の「林」です。大勢の僧が一か所に住み修行に励む様子を、樹木が叢《むら》がる林にたとえているのでしょう。

「叢林」というと、かつての私は、管理された植林の林を連想したものです。仏門に入ったら自分勝手は許されません。気ままに一本だけ横に伸びたりしてはいけない。みながみな、ただ真っ直ぐ上へ上へと伸びるのが理想の姿だと思っていたのです。ところが宮脇昭さんという植生学の先生と出会って、その考えが変わりました。

宮脇先生は「鎮守の森」を増やす運動をしておられます。

「鎮守の森」とは、その地域に適した数十種類の苗木を密植、混植して育てていく森のことだそうです。

近年、日本の山は、産業林としてスギやマツばかりが植林されるようになりました。しかし、同種類の樹木だけが植えられた森は、根っこが張らず、千年もたたないうちに朽ちてしまうそうです。

逆にさまざまな種類の苗木を植えれば、苗木はお互い競い合って根を張ろうとします。太陽の光を求め、われ先に伸びようとします。

その結果、森全体が、地震や火災にも強く、生命力にあふれた豊かな森に成長していくそうです。たとえ下草であろうと、すべてに役割があり、無駄なものは何ひとつありません。

「この自然界にあるものは、すべてそのままで完璧だ」とお釈迦さまはおっしゃいましたが、まさにその通りなのです。

私たち人間も同じではないですか。

職場や趣味の仲間、地域のコミュニティなど、人間が集まれば、いろいろな人がいるものです。なかには、苦手な人や困った人もいるでしょう。

「職場に嫌いな人がいて、会社へ行くのが憂うつ」などと、人間関係に悩む声もよく聞きます。

しかし、いろいろな人がいるから、お互い我慢したり、理解し合おうと努力することで、私たちはたくましく成長できるのではないでしょうか。

羊羹《ようかん》やお汁粉の甘いお菓子は、砂糖ばかりでつくっても、おいしくありません。適度な塩味があってこそ、味にコクや深みが出るものです。

どうしても好きになれない人は、塩味だと思ってはいかがでしょう。

この世にいなくてもいい人はひとりもいません。気の合わない人、いやな人がいるからバランスが取れて、人生がおもしろくなるのです。

「あの人がいや、この人が苦手」と心を狭くしていては損ですよ。

劣等感は、自分らしい生き方を探す道しるべ。

私が東北大学文学部の学生になったのは、昭和二十四年のことでした。戦後、肋膜炎を患って入退院を繰り返していたこともあって、旧制中学の同級生より四年も遅れての入学でした。

おまけに、私が入った東北大学は、戦後の学制改革で改組された新制大学です。エリート集団だった東北帝国大学から名称が変わり、門戸が広がり、その分、誰でも入れる大学になり下がったような気がしました。

難関といわれた海軍兵学校に学び、それが誇りでもあった私には、新制大学に学ぶことは大きな屈辱だったのです。

いま思えば、実につまらないことに、こだわっていたものです。同級生に遅れをとった劣等感と、鼻持ちならないプライド……。自分の歪んだ自意識に、ずいぶん悩まされました。

ところが、人生、何が幸いするかわかりません。

うつ病一歩手前までさんざん苦悶し、そんな自分をなんとか変えたいと葛藤したおかげで、私は禅の道に出合えたのです。もし若き日の私がもっと素直でよい性格であったなら、坐禅をする喜びを知らないままだったでしょう。ありがたいご縁をいただけました。

みなさんのなかにも、かつての私と同じように劣等感やコンプレックスに悩んでおられる方も、いらっしゃるかもしれません。

しかし、完璧な人間など、どこにもいません。

自分のだめなところは、だめなところ。それを恥としたり隠したりするのではなく、どのように克服したらいいかと考え実行するところに、人としての成長があるのではないでしょうか。

隠し事がないことを、禅語では「露堂々《ろどうどう》」といいます。

自分のありのままをさらけ出せる人、自認できる人を、仏教では修行のできた人ともいうのです。

さらけ出すといっても、自分の欠点をわざとあげて、必要以上に悪ぶることではありません。

欠点を言い訳に、「どうせ私なんか……」と開き直り、それ以上の努力や行動をしないことでもありません。

とらわれず、焦らず、気取らず、ごまかさず。ただ、ありのままの自分でいればいいのです。

自分を飾れば不自然だし、虚勢を張れば無理がきます。

人によく思われようと意識すれば、疲れてしまいます。

自分は、自分以上でもなければ、以下でもない。まずはそこをスタート地点にして、自分らしく、よりよく生きる道を探していこうではありませんか。

起こることに、幸も不幸もない。
ただあるがままに生き、
毎日を「好日《こうじつ》」にいたしましょう。

起こったできごとに対し、いちいち評価をしていませんか。

「今日は電車に乗り遅れたから、運が悪い」

「会議でうまく発言できなかった。大失敗」

などと、気づけば、つねに正しいか間違っているか、善か悪か、成功か失敗か、幸運か悪運か……と頭で考えて判定しようとする。

株などやっていたら、日々「お金が儲かったか、損したか」と計算しなければ気がすまない人もいるかもしれません。

こうして、自分の日常に「○か×か」をつけては一喜一憂してしまう。だから悩みが生まれるのではないですか。

自然界を見てください。

色とりどりに咲く花の美しさには、よいも悪いもありません。ただ、人間が自分の好みで見るから、評価がわかれるだけなのです。

同じように、あなたが生きている日常の一コマ一コマにも、出来、不出来などありません。自分の欲で判断するから、「成功だ、失敗だ」と明暗をわけてしまうのです。

「日々是好日《にちにちこれこうじつ》」という言葉があります。

「毎日よいこと続きで、けっこうですな」という気楽な言葉のようにも思えますが、実はそうではありません。

「今日はよい日だ、悪い日だ」と判断するのではなく、ただあるがままを受けとめ、瞬間、瞬間を生ききること。その清々しい境地をさすものです。

たとえ嵐が起ころうと、大切なものを失った日だろうと、ただありのままに生きれば、すべてが「好日」なのです。

花も鳥も動物も、自分の毎日に「○」や「×」などつけません。

人間だけが、勝手に迷って悩んで右往左往しているのです。

大地に山や川の起伏があるように、成功や失敗は人生を彩る風景にすぎません。起こったできごとに目くじらをたてるより、ただひと呼吸、ひと呼吸に「いのち」を実感する生き方のほうが、はるかに豊かで自由です。

首から上をつかわないことです。

いつも頭を空っぽにしておけばいいのです。あくせくしてはいけません。

おいしいものを
求め続けるのではなく、
「おいしく」いただく生き方を
大切にする。

日本はよい国です。経済的にも豊かで平和です。

しかしながら、毎年発表される「世界幸福度ランキング」は、先進国のなかでも最低レベルだと聞きます。一見何不自由なく暮らしているように見えても、不安や不満、焦りや憂うつ、孤独を感じている人が多いのです。

なぜ、このように心が満たされないのか。それは、「もっと、もっと」と、より多くを求める欲にとらわれているからではないでしょうか。

「もっとお金持ちになりたい」「もっと長生きしたい」「もっといい結婚相手とめぐり会いたい」「もっと認められたい」……。

このように、何かを得ることばかりにやっきになっているのです。

欲そのものは、まったく悪いものというわけではありません。

「もっと、もっと」という欲があったからこそ経済は発展し、生活を快適にするための科学技術が進歩しました。個人のレベルでいっても、「褒められたい」「認められたい」の欲が、自己成長への原動力になります。

私自身、若いころは名誉欲や出世欲のかたまりでした。だからこそ東大よりむずかしいといわれた海軍兵学校へ行きました。戦後はからだを壊したことで同級生に遅れをとり、その劣等感に打ちひしがれました。しかし、こうしたコンプレックスがあったからこそ、「なにくそ」とがんばれたのです。

ひとつを得れば「もっと欲しい」「まだ足りない」と、さらに何かが欲しくなるように、欲には天井というものがありません。

これでは永遠に満足できないばかりか、「あの人のほうがもっと持っている」と人を妬んだり、「あの人には負けた」と人と比較してコンプレックスを持つなど、さまざまな悩みや苦しみを生み出す原因となってしまうのです。

幸せの極意は、「足《た》るを知る」ことです。

「足るを知る」というと、欲をもたないように我慢することと思われるかも

心配しなさんな。悩みはいつか 消えるもの

しれませんが、そうではありません。

たとえば、おむすびが一個あるのに、もう一個欲しがるのが「欲」だとすれば、「足るを知る」は、欲しがらないことではなく、そのおむすび一個に感謝しおいしくいただくこと。これが仏道における「足るを知る」なのです。

お釈迦さまは最後の説法でこうおっしゃいました。

「足るを知る人は、たとえ地上に伏すような生活をしていても、なお安楽である。足るを知らない人は、天堂に暮らすような生活をしていても、なお満足というものがなく、欲望にひきずられ、むしろ憐れである」と。

あなたには、帰る家がある。水道の蛇口をひねれば水が出て、夜にはあたたかな布団にくるまって眠ることができるのではありませんか。

ないものを数えるのではなく、「いま、ある」ものに気づき、感謝する生き方へ変えていきましょう。それが、ほんとうの幸せを得る道なのです。

猫は悩まない。

いま、御誕生寺には三十四匹ほどの猫がいます。

元来猫好きで、どこからともなくやってきた捨て猫や迷い猫に餌をあげたりしているうちに、いつのまにか数が増えました。いまでは「猫寺」と呼ばれるようになり、休日ともなれば、おおぜいの方がたずねてこられます。

もちろん、人気なのは、住職の私ではなく猫たちです。

ただダラーンと寝ているだけで「かわいい」などと褒められるのですから、いい気なもの。お客さまがきたからといって、よそゆきの態度をするでもなし。いつものようにのんびり勝手気ままにやっているようです。

そんな猫たちを見て、「いいなぁ、悩みがなくて」とうらやましく思われる方もいらっしゃるのではないですか。

まことにその通り、猫は悩まないのです。

生きとし生けるもののなかで、人間だけが複雑な「言葉」を覚えました。

心配しなさんな。悩みはいつか　消えるもの

言葉を覚えたから、考えるという脳の働きが生まれ「あーでもない、こーでもない」と悩むクセがついてしまったのです。

猫には言葉はありません。ニャアとは鳴きますが、それは「エサをくれ」「外に出してくれ」などのただの合図にすぎません。あるいは、猫同士だけに通じる、何かの情報交換のシグナルかもしれません。

言葉がないから、風にチリリンと揺れる風鈴のごとし、ただその場その場の身体感覚のままに生きているのです。

夏の暑い日は、ヒンヤリした廊下にペタンとのびているし、寒くなれば、まだ暖かい車のボンネットの上に、ちゃっかり丸まっています。座布団をくわえてきて、その上に寝るような賢さはありません。そこまで智恵を回して安楽を求めなくても、すでに足りているからです。

「山川草木悉皆成仏《さんせんそうもくしっかいじょうぶつ》」という言葉があります。自然万物に八百万《やおよろず》の神が宿ると考える日本人は、山や川のような大地や、草や木のような植物もまた〝仏の化身〟だととらえています。

生まれながらに「足るを知る」猫もまた、仏さんのようなものではないでしょうか。

お釈迦さまや道元《どうげん》禅師は、厳しい修行の末に「ありのままでいいのだ」と気づかれました。その日そのときの「いま」を生きる。いま見えていること、聞こえていること、感じていること。それがすべてだと悟ったのです。

修行もしていないのに、猫は、いまを生きています。

「あのときエサを残すんじゃなかった」などと、過去を悔やみません。

「明日の食べ物があるかなぁ」などと、未来を憂いません。

言葉のない彼らには、昨日や今日、明日などの時間の概念もないからです。猫たちを見ていると、つくづく思います。「山川草木すべてを見渡しても、ぐだぐだと悩んでいるのは人間だけだなぁ」と。

さて、いま、私の寺でいちばん古いのは、レオという名の猫です。レオはほかの猫たちに比べて、一匹で行動するタイプ。早朝の読経のとき、本堂の扉を開けておくと、決まってレオだけが入ってきて、まっしぐらに私のところへかけ寄ってきます。よっぽど読経の響きが好きなのか、そのままひざに乗って離れないのです。

頭をぐりぐりこすりつけてきて法衣に目ヤニをひっつけることもあれば、ひざにいるのに飽きて、肩までよじのぼってくることもあります。何をされても読経を続けるのは、なかなかの難儀です。

「よし、よし。よっぽど私のことが好きらしい」

心配しなさんな。悩みはいつか　消えるもの

あとで頭をなでてあげようと思うのですが、読経が終われば、レオはつれなくスッと本堂から出ていってしまいます。

境内で見かけたときも、抱きかかえようとすればニャオンと逃げ去ってしまいます。読経中はあんなに甘えてきたのが、うそのようです。

レオは、ただその瞬間、瞬間を、自由に心のままに生きているのです。

人間のように、誰かに「好かれよう」「かわいがってもらったほうが得」などという思惑や計算はまったくありません。

レオもまた「いま」を生きる「ほとけ」さんなのです。

悩みや心配があっても、
規則正しい生活さえしていれば
心が安らいでいくものです。

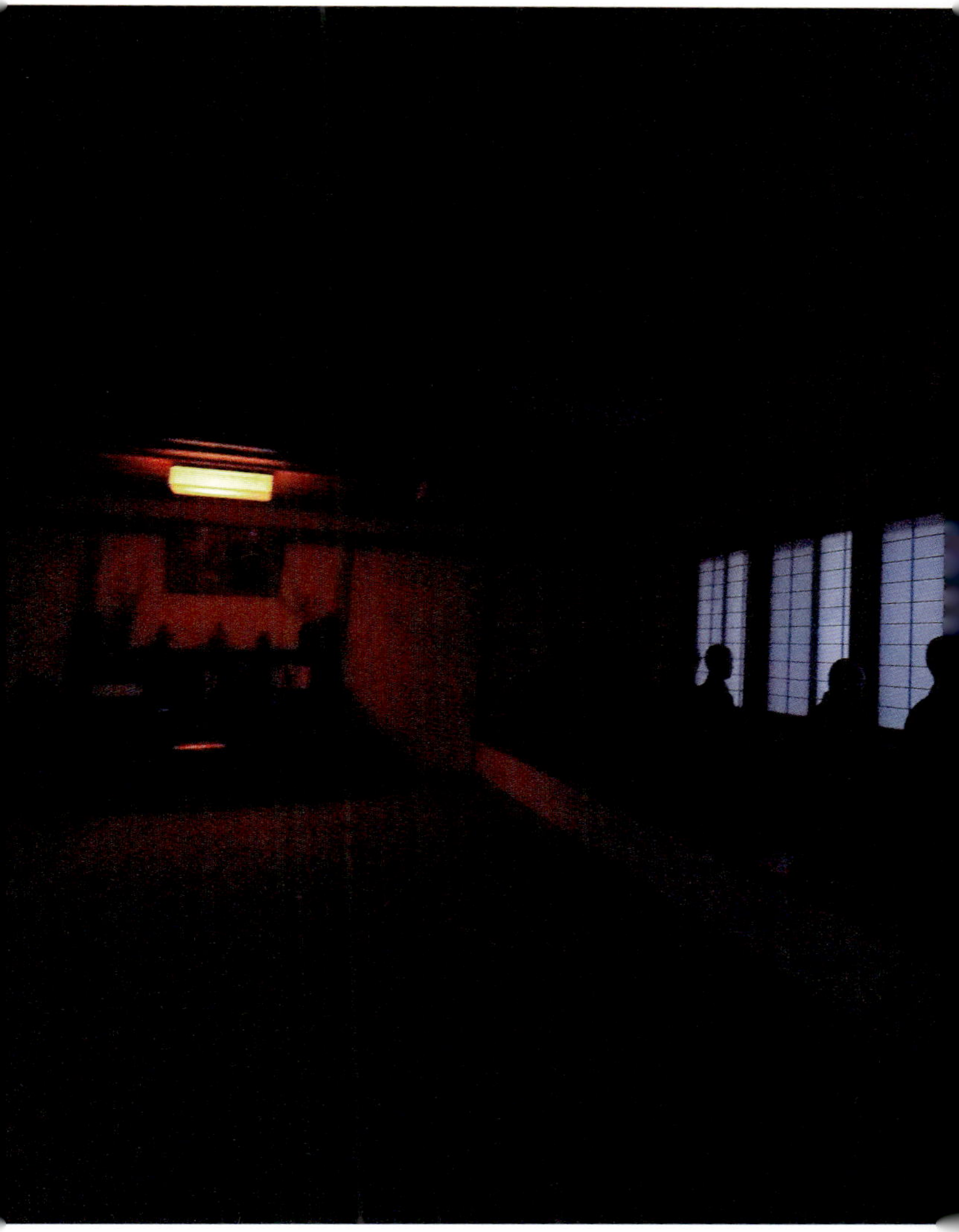

御誕生寺の朝は、一年中毎日四時二十分にはじまります。

起床したら、坐禅、勤行《ごんぎょう》と続き、おなかがペコペコになったころにやっと朝食です。朝食といっても、一般家庭のようにガヤガヤとにぎやかに楽しく食べるわけにはいきません。

まずお経を読んだら、あとはひと言も話しません。「応量器《おうりょうき》」と呼ばれる食器のセットに盛られるのは、お粥を主食に、漬け物と、ごま塩程度。それを厳格な作法通りにいただきます。

朝食が済んだら、「作務《さむ》」と呼ばれる掃除を行ったり、托鉢に歩いたり。夜には、私は再び坐禅を行い、九時以降には、私的な仕事をします。

決められたことを、決められた時間にやる。

ただそれだけの生活です。雨の日も風の日も休みません。いうまでもありませんが、「今日は疲れたから、明朝の起床時間を遅らせる」などということはありません。

ずいぶん窮屈な生活だなぁと思われるでしょう。

しかし、こうした規則正しい生活こそが、正しい心をつくる修行には大切なのです。

私の寺の若い修行僧のなかには、小学校のときからずっと登校拒否だったという者、ニートだったという者もいます。寺にやってきたときは、心に深い悩みや傷をかかえていました。

しかし、そんな若者でも、みんなと一緒に寝起きして修行を続けるうちに、だんだんと顔つきが穏やかになっていきます。規則正しい生活をするうちに、波立った心がおさまってくるのです。

世間のみなさんは、きちんとした生活をしておられるでしょうか。

朝はギリギリまで布団のなか。朝食もろくに食べず飛び出し、学校や会社

には滑り込みセーフ。夜は夜で、お菓子をつまみながら、深夜までテレビやゲームで遊んで、つい夜更かし……。

そんなけじめのない毎日を送っていませんか。

もしそうであるなら、まずその生活を見直しましょう。

規律ある生活の基本は、まずは早寝早起き。そして三度の食事をきちんと時間通りに食べること。これにつきます。

野球のイチロー選手も、毎日決まった時間に、決まった行動をとり続けることで、精神的な強さを保っていると聞きます。生活を整えることは、内面を整えることにつながるのです。

いやなことやストレスを感じることがあったとしても、ただ淡々と、いまやるべきことをやる。それが、悩みの種を大きくしないための智恵なのです。

意味のないことに、ただ無心で打ち込んでみる。

毎朝欠かさず般若心経を読んでいます。

「カンジーザイボーサツギョウジンハンニャハーラーミーター」

いったい何の意味やら、さっぱりわかりません。

しかし、わからないからいいのです。人間、悩んでしまうのは、頭で考えるからです。だとしたら、考えを遮断するには、はじめから意味など問題にしないほうがいいのです。

読経のよさは、無心になれることです。

ポクポクと木魚に合わせ、腹から呼吸しながら唱えていると、だんだん心が平和になり満ち足りてきます。脳生理学者の有田秀穂先生と対談する機会をいただきわかったことですが、これは、リズムに合わせ集中するうちに、セロトニンという脳内物質が活性化し、イライラや不安をコントロールしてくれるからなのだそうです。

禅の言葉に「一行三昧《いちぎょうざんまい》」というのがあります。

ひとつのことに集中し、そこにひたりきるという意味です。

僧は、お経を読んだり坐禅をしたり、滝に打たれたりお遍路したりと、みな何かしらの「一行」に打ち込みますが、これも、集中することで頭のなかを空っぽにし、言葉で考える世界から離れる修行なのです。

みなさんも、「一行三昧」の境地を味わってみてはいかがですか。

もちろん、般若心経を唱えてみるのもひとつです。般若心経は二百六十二文字と、お経のなかでもいちばん短いもの。とはいえ、暗記するのはたいへんですから、経本を見て声に出して読むだけでいいのです。

ほかにも、一心に掃除をしたり、家庭菜園に打ち込んでみるのもいいでしょう。ウォーキングや歌をうたうのでもかまいません。

とにかく、何も考えず、ただ淡々とからだをつかえばいいのです。

何も考えないというと、分別のない浅はかな人間がやることのように思われるかもしれません。しかし、そうではありません。たとえば仕事をしながら「これで、いくらもらえるのか？」とつねに考えていては、仕事に身が入らないでしょう。何事も意味や効果を考えながらやるようでは、ほんものとはいえません。

無心になって、「いま」を楽しみましょう。「いま」を「実感」しましょう。頭のなかでグルグルと回っていた不安や心配が消えていきます。ストレスがなくなり、気持ちが明るくなります。

歌をうたって、散歩して、農作物をつくって、あとは何も考えずただ規則正しく毎日を過ごす。そんな老人ホームがあったらいいなぁと思います。きっとみな、いきいきと元気で暮らせるはずです。

迷ったときは、
直感の声にのってみる。

自分の将来は「禅の道しかない」と思った瞬間がありました。

それは大学に通いながら、仙台の輪王寺で修行をしているときでした。

冬の朝。寺の廊下を冷たい水でしぼった雑巾で拭いていたら、あまりの寒さのために、そこが凍ってツルッとすべったのです。

そのとき、何かひらめきに似た思いが全身を駆け抜けました。

「自分はこういう規則正しい生活でないと、だめなのだ」と。

それは出家への覚悟です。知らぬまに涙があふれ出ていました。これは理屈ではないのです。直感であり、腑《ふ》に落ちたとしかいいようがありません。

それまで私は、「真の生き方とは何か」とずっと苦悶し、書物を読み、人に問いながら、もがき苦しんでいました。それなのに、理屈を超えたところから、突然光をいただいたのです。

みなさんは、何かを決断するとき「もっとよく考えて」とか「インターネットで情報を集めてから」などと慎重になるのではないですか。

もちろん、それも大事です。私が出家を決断したのも、それまでの修行の経験という積み重ねがあったからだと思います。

しかし、最後の最後、すべてをポンと飛びこえて、いわば「悟り」のように答えが「わかる」のは、やはり直感によるものではないでしょうか。

何を決めるのでも、頭で考えると、つい見栄や体裁、損得勘定が生まれてしまいます。「あっちの会社に入ったほうが給料が高いから」「あの大学のほうが有名だから」などという考えです。

人とつきあうときも、そうではないですか。ほんとうは気が進まないのだけれど、誘われて出かけていく。心のなかで「この人とつきあっておけば、お客さまを紹介してくれるかも」とつい皮算用してしまう。でも、行ってみたら相手にその気はなさそうだ……、などということがあるでしょう。

こんなとき、自分が疲れるだけならまだしも、勝手に期待しておいて、期待が裏切られたと不機嫌になっているようでは相手にも失礼です。

それより「この人と話してみたい」「一緒にいたら楽しそう」という素直な気持ちで人とつきあったほうが、後悔もなく疲れません。

直感には何の根拠もないと思われるかもしれません。

しかし、「ふとそう思った」「なんとなくピンときた」は、頭ではなく、からだの声。いわばいのちのサインなのです。

迷ったときは、直感にのってみてはいかがでしょう。

仏教では「ご縁」という言葉をよくつかいます。この「ご縁」もまた、あらかじめ仕組まれたものではなく、偶然の出会いであり、直感が導くものなのです。直感はいつ、どんな形でやってくるかわかりません。「単なる気のせい」と見すごさず、しっかりとキャッチしたいものです。

人生に無駄はない。
苦を知ってこそ、
人間は深まるのです。

勤めていた会社から突然リストラを言い渡され、途方に暮れているという若者から相談を受けたことがありました。

「あんなにがんばっていたのに、なぜ？」と思うと、自分が全否定された気がして立ち直れない。再就職もままならないまま貯金も底をつき、恋人までもが彼のもとを去ってしまったといいます。

「自分の人生は真っ暗です。もう将来に希望がもてません」

若者は、ガックリと肩を落としました。

たしかに、人生は、うまくいかないことがあるものです。挫折や失敗、もう、あとがないと思ってしまうこともあるかもしれません。

しかし、いつのときも希望を捨ててはいけません。あとでその苦しみが必ず役に立つ日がくるからです。

私も若いころは、迷ってばかりいました。

とにかく道元禅師のように悟りを開きたいと願うばかりに、お世話になっていた寺の修行が物足りず、勝手なことを言って、その寺を去ったこともありました。それからはじまったのは、あてのない流浪の暮らしでした。

地方の山奥の電気もない小さなお堂で、ランプを灯して生活しました。ボロボロの法衣を着て、托鉢に出ていただくわずかなお金だけが頼りでした。山から流れる水をつかって麦飯を炊き、何日かに分けて食べる日々。もちろん冷蔵庫などないので、鍋の蓋を開けたら、たくさんのゴキブリがバーッと飛び出てきたこともありました。

そんなギリギリの生活をしながら、八年間という月日をひたすら坐禅にはげんだのです。

なんの後ろ盾もない、将来の見通しもない。一般のお寺さんからは「落ち武者」と異端視されるような存在でした。

いま思えば、よくまあ、あんな生活ができたものです。

しかし、丸裸になってみて、はじめてわかることがあるものです。苦を知ってこそ、人間は深まっていくのです。あの経験があったからこそ、いまの私がいます。

どんなに苦しくても、一歩を踏み出すしかありません。

職を失った人なら、とにかくアルバイトでもいいから働いてみる。たとえ理想の職業ではなくても、ただがむしゃらにやってみる。

その体験が大切なのです。

新しい場所で、いい出会いがあるかもしれません。

思いがけない自分の特技や才能を見い出せるかもしれません。

いまはマイナスに見えることも、将来プラスに転じることもあります。悩み苦しんだ過去も含め、自分が体験することには何ひとつ無駄はないのです。

悩みは、
水面に広がった波紋のように、
いつか消えてなくなるもの。

空に浮かんでいる雲が絶えず変化していくように、また私たちのからだの細胞がつねに変化を続けているように、この世に存在するもので、ひとつところにとどまるものは何もありません。

人は必ず死ぬし、形あるものは、必ず壊れます。

仏教ではそれを「色即是空《しきそくぜくう》」といいます。

私たちが見たり感じたりしているもの＝「色《しき》」は、本質的につきつめれば、そのとき、その場の条件によって生まれ、そして消えていく＝「空《くう》」なのです。

たとえば、水を考えてください。

水は、状況が変われば熱湯にもなり、蒸気にもなり、氷にもなります。霜にもなれば、雪にもなります。酸素と水素にも分解します。

あなたが思う「水」は、その時々に形を変え、「これが水だ」という実体はないということです。

あなたがいま感じているつらい思い、悲しい思いも、同じではないですか。

「投資に失敗して一文無しだ。どうしよう」

「大切な人を傷つけてしまった。もうだめだ」

などと、いまは絶望の淵に立たされているかもしれません。

しかし、起きたできごとにも実体はなく、すべては変化するものです。変化するものに執着するから、悩みとなってしまうだけなのです。

いまの苦しみばかりに目を向け、とらわれないことです。

なんとか改善しようと焦らないことです。

たとえば、いま、池に石を投げたとします。

ポチャンと水音をたてて波紋が広がります。すると、その波紋はどんどん広がります。それ以上広がらないように、手で押さえたくなることでしょう。

けれど、自然に起きた現象を自分の力で抑えようとしても、それは無理というものです。

あなたの悩みもまた、心に起きた波紋なのです。

そのときの状況でたまたまそうなっているのですから、そのままにしておけばいい。気にしないことです。

池の波紋は、消えるときがくれば、やがて自然に消えていきます。

その様子をイメージしてみてください。ほら、水面はもう鏡のように滑らかで静かではないですか。

心の波紋も同じです。すべては、変化します。いまは、こだわらず、恐れず、ただ目の前のやるべきことをやりながらすごしましょう。

「丹田《たんでん》」を意識して、
深くゆっくり息をする。
それだけで、
心が穏やかになります。

緊張したり焦ったりすると、息がセカセカ、ハァハァと浅くなってしまいます。そんなときよくいわれるのが、「深呼吸してごらん」というアドバイスです。どうやら呼吸と心には、何かしら関連がありそうです。

それを実感していただくため、みなさんにお話をする折に、時々こんな提案をしています。

「ちょっとやってみましょう。まず、姿勢を正して、静かに頭のてっぺんまで息を吸い上げてください。吸って、吸って、吸ってー。

はい、今度はそれを下っ腹までおろしましょう。ゆっくり、静かに、吐いて、吐いてー、吐き切ってください」

十回ほどやると、水を打ったようにシーンと静かになります。参加者の方々の顔つきも、リラックスして穏やかになっていきます。

これは、単純な深呼吸とは違って、腹式呼吸といいます。

もっと正確にいえば、丹田呼吸《たんでんこきゅう》です。丹田とは、臍下《さいか》三寸といってお臍《へそ》から指三本分下のあたりに位置するツボのこと。この丹田を意識しながら呼吸を繰り返すことで、気持ちが落ち着くのです。

医学的には、丹田呼吸によってセロトニンという神経伝達物質が脳内に生成されるそうです。精神が安定して穏やかになるのは、そのためなのですね。

こうした呼吸法を取り入れているのが、坐禅です。

坐禅というと、何か宗教的な修行のように思われるかもしれませんが、そんなことはありません。もともとは、悩んでいる人々のためにお釈迦さまが説かれた心の健康法でした。信心のあるなしにかかわらず、誰もが手軽にやれるものなのです。

禅語には、「調身《ちょうしん》、調息《ちょうそく》、調心《ちょうしん》」という言葉があります。

「正しい姿勢と正しい呼吸法で坐禅を組むことで、心身ともに整ってくる」という意味です。

丹田呼吸で、吸い込んだ息を少しずつ吐いていると、無駄な考え事ができません。雑念が消え、脳波でいえば、まるで眠っているときのように、頭のなかが静かで安らいだ状態になります。

こうして、かかえている不安や心配、怒りや嫉妬などのいやな感情が次第におさまっていくのです。

「でも、坐禅は痛いのを我慢して坐り、少しでも動くと棒でピシッと叩かれるんですよね」などと、いかにも恐々と質問されることがあります。

どうぞ、ご安心ください。それはあくまでも修行の場でのこと。

みなさんはご自宅で、好きな時間に、ただ背筋を伸ばして坐り、丹田呼吸をするだけでよいのです。足の組み方はどうでもかまいません。椅子に腰かけたままやっていただいてもけっこうです。

一分でも二分でもいいのです。とにかく坐《すわ》ってみてください。

静かな息づかいをただ実感するだけでも、心地よいものです。

静かに呼吸をしていると、自分は大宇宙に抱かれた存在であることを実感されるでしょう。

ただ、いま、ここにあるだけ。

それ以上でも、それ以下でもない。

目の前の悩みなどは小さいことだと、思えてくるはずです。

静かに坐って、丹田呼吸をする。これを習慣になさってください。

「グニャリ、ダラリ」は
心が弱るもと。
背筋を伸ばす習慣を
つけましょう。

子どものころ、「姿勢をよくしなさい」「背筋を伸ばしなさい」と叱られたことはありませんか。正しい姿勢は、正しい人間形成につながると考えられてきたからです。たしかにその通りではないでしょうか。

昔から「心身一如《しんしんいちにょ》」といわれます。

心とからだは一体なのです。

試しに、肩を落とし背中を丸めて坐ってごらんなさい。ネガティブな考えばかりが浮かび、ションボリとして、やる気もなくなってしまいます。なんとなく幸運も逃げていってしまいそうです。

逆に背筋をピンと伸ばして正面を見据えれば、自信と活力がわいてきます。何事にも積極的に取り組めそうな気がします。

悩みに負けない心をつくるなら、まず姿勢を見直すべきなのです。

哲学者で教育者の森信三先生は、「立腰《りつよう》」というあり方を提唱されました。

立腰とは、骨盤を立て、背筋を伸ばして坐ること。これが、心を強く豊かにする秘訣なのです。

考えてみれば、古来、日本は腰の文化でした。

日本語には、「腰」をつかった言葉が多いのもそのひとつのあらわれです。

よい意味では、「腰を据える」「腰を入れる」「本腰」。

悪い意味では「へっぴり腰」「腰抜け」「逃げ腰」「腰砕け」など。

いかに腰が大切かが、よくわかります。

また、歌舞伎や能などの伝統芸能、剣道や柔道などの武道、茶道や華道などの芸術でも、姿勢が重視されました。いずれの所作も、骨盤が立ち背筋が伸びています。立腰がすべての基本なのです。

比べて、現代の暮らしはどうでしょう。

畳から西洋式の椅子の生活になり、正座する機会も減りました。

ソファにグニャリと寝そべったまま、ゲームやスマホに夢中になっている子どもも多いのではないですか。大人は大人で、一日中パソコン仕事。これではどうしても猫背になり背筋が歪んでしまいます。

最近、キレやすい子どもや、うつ病などの問題がよくニュースになります。それも日常生活のなかで立腰する習慣がなくなったことが影響しているのではないかと気がかりです。

正座であっても、椅子に坐ってでもいい。腰をグッと立てて背筋を伸ばしてみましょう。肩や背中によけいな力が加わらないだけ疲れにくく、集中力や持続力が生まれます。自然に丹田呼吸ができるようになり、心が安定します。

悩んだとき、仕事に行き詰まったとき。立腰が、あなたを救ってくれるのです。

「百歳現役」をめざす、坐禅のすすめ。

インドでは、人間の一生には、大自然から定められた息の回数があるという話があるそうです。

最近の新聞記事によれば、哺乳類の心臓は、二十億回打つと止まるそうです。小さなネズミなどは心臓の脈拍が早いので、短い一生です。大きな象の脈拍はゆっくりなので、百年も生きるそうです。

ということは、セカセカと短い息をする人は持ち分を早くつかいきってしまうので寿命が短く、反対に長い息をする人は長生きできるということ。

それなら、丹田呼吸でゆっくり長く息をする坐禅は、心だけでなく、からだの健康にも効果があることは間違いありません。

坐禅を伝えたお釈迦さまは、二千五百年も前の人ですが、八十歳まで生きたそうです。当時としてはほんとうに長生きです。

東洋医学では、丹田呼吸の丹田は五臓の中心で、気の通り道だといわれます。以前、ホリスティック医学の第一人者、帯津良一先生にうかがったところでは、人間のからだには、実際、丹田のあたりに空間があるのだそうです。「そこには、何が入っているかわからない」と、先生はおっしゃいました。

手術をして、開腹するとそこに空気が入り、レントゲンで白く写るそうです。けれど、健康な人間はレントゲンに何も写らない。

つまり、そこに空間があるということはわかるけれど、それがなんのための空間なのか、わからないのだそうです。

しかし、私には、そこに「気」といいますか、不老不死の薬のようなものがたまっているのではないかと思えてなりません。

平成十八年に百六歳の天寿をまっとうされた前・大本山永平寺貫首の宮崎奕保《えきほ》禅師は、七十歳のころに重い結核になりました。

喀血《かっけつ》し、これ以上手の施しようがないという状態になったとき、禅師は「どうせ死ぬなら、坐禅をして死にたい」と思われたそうです。

そして、医師や看護師が病室に巡回してくるときは寝たふりをし、いなくなるとベッドの上で坐禅をしていたというのです。

そうしているうちに、なんと体調が回復し、百五歳になられても、永平寺では修行僧より早く起きて坐禅堂に出られるほどお元気でした。

レントゲン写真を撮ると、片方の肺はすでに用をなしていなかったそうですから、まさに奇跡のようなもの。これも坐禅の丹田呼吸が、六十兆個あるという人間のからだの細胞に活力を与え、自然治癒力が高まったからではないでしょうか。

私自身、六十のときに大病を患い、それからは病気と二人三脚の生活です。

いまは体調も安定していますが、二か月に一度は病院に通い、薬もきちんと飲んでいます。おかげさまで、「お元気ですね」とよく言われます。

これも日々坐禅を実践し、自分なりに精進してきたことが、よいほうに作用しているのだと思います。

みなさんも生活のなかに、ぜひ坐禅を取り入れてみてはいかがでしょう。

そして、ともに「百歳現役」を目ざそうではありませんか。

右脳からの言葉を聞く。

坐禅はほんとうに心地よいものです。

姿勢を正し、丹田呼吸をしながら坐っていると、セロトニンという脳内物質が生成され、心が安らかになるといわれていることは、前にも書きました。脳内物質と聞くと何やらむずかしいのですが、私流に表現すれば、ハッピーホルモンが脳からシュワーッシュワーッと出てくるような感覚とでもいいましょうか。とにかく、自然に微笑んでしまうような至福感につつまれるのです。これは、寝転んで何か考え事をしているときには味わえない、まったくべつの感覚です。

坐禅すると、はじめは、さまざまな思いが走馬燈のように浮かんできます。けれど、すべてそのまま放置しておけばいい。

考え込まず、受け流していけば、消えてしまいます。

そのうち心はどんどん澄みわたり、何にもとらわれなくなります。やがて自分が鼻で息をしているという意識さえなくなります。

美しい赤い花が見え、風にそよぐ緑の葉が見える。

小鳥のさえずりが聞こえ、電車が走るゴーゴーという音が聞こえる。

意識が研ぎ澄まされていき、いま、目の前にないものまでからだが感じ取るようになるのです。

こうなると、からだが大宇宙に溶け込み、息づかいが大自然のリズムとひとつになるように感じます。

宇宙と一体となって息づいている自分を実感するのです。

もちろんこれは、ある程度の修行の末に得る境地です。焦って、そうなろうとしてはいけません。「宇宙と一体とはこの感じかな」などと意識の変容を求めれば、また「考える」世界に逆戻りしてしまいます。

「只管打坐《しかんたざ》」という言葉があります。「只管」とは「ただ」「ひたすら」のことで、「ただひたすら坐禅」をするという意味です。

坐禅をしたらどうなる？ などとは考えず、理屈なしにただ坐っていればいいのです。

宇宙との一体感を得るのはまだ先でも、静かに坐っていると、理論や言語の左脳が静かになって、感性の右脳が活発になります。

経営者のなかには、坐禅をしたとき、いいアイディアが浮かぶという人もいます。宗教学者の山折哲雄先生は、前の晩に本で読んだことや思ったことが、翌朝坐禅をすると、スーッとひとつの考えにまとまるとおっしゃっていました。また、あれこれ悩んでいた人が、「自分は悩まなくていいんだ」とひらめいたという話もあります。

あなたも、まずは、そんなひらめきをキャッチしてみてはいかがですか。どんなメッセージがやってくるか、楽しみに待つのもいいものです。

執着や思い込みを手放すには、
掃除がいちばん。

掃除といえば、こんな話を思い出します。

その昔、お釈迦さまの弟子のひとりにシュリハンドクという人がいたそうです。その人は、自分の名前さえ忘れるほど物覚えが悪く、そのうえ仲間と一緒に生活できないほどのろまでした。

しかし、そんな彼をお釈迦さまは見捨てませんでした。

彼に一本のほうきと一本のはたきを与え、「ちりを払え、ごみを払え」と唱えながら掃除をすることを教えたのです。

シュリハンドクは、言われた通り、毎日ただ黙々と掃除に没入しました。そして、とうとう、ほかの賢い修行僧より先に悟りを開いてしまったのです。

前にも書きましたが、掃除こそ「一行三昧《いちぎょうざんまい》」の修行なのです。ですから、禅寺では掃除をたいへん重要視しています。

お堂の掃き掃除、拭き掃除、庭掃除、窓拭き、庭の草取り……など。

汚いきれいは関係なく、からだをつかって汗をかきながら掃除をすること自体が尊いのです。きれいになるのは、その結果にすぎません。

なかでも「東司《とうす》」と呼ばれるトイレ掃除は、とくに大切です。人がいやがる仕事をすることが、その人の功徳となるからです。

会社の経営者のなかには、自ら熱心にトイレ掃除を行っている人も数多くいらっしゃいます。社員全員でトイレ掃除を行い、会社の売り上げを何倍にもした方もいると聞きました。

会社の繁栄は、単純にトイレがきれいになって運気が上がったからというだけではないでしょう。

トイレというちばん「汚い」とされる場所を、はいつくばって懸命に掃除することで、「なんで自分がこんなことをやらなきゃいけないんだ」という見栄や虚栄心が消え去ります。その結果、みなが純粋無垢な心で仕事に取

心配しなさんな。悩みはいつか 消えるもの

り組めるようになったからではないでしょうか。

掃除ひとつで、人生が変わってしまうのですね。

とにかく、よけいな考えを捨て、無心になるには掃除がいちばんです。

あなたも、思い悩んだら、家の床をていねいに拭き掃除したり、風呂場やトイレをピカピカになるまで磨いてみてはいかがでしょう。

身のまわりがキレイになれば、心もスッキリ晴れやかになります。

朝、学校や仕事に出かける前、ほんの五分でもいいので、目についたところをササッと片づけるだけでも違います。

それだけで一日のスタートが清々しくなり、やる気が出るのです。

愚痴を言いたくなったら、「ありがとさん」。

生きていれば、つらいこと、理不尽なこと、思わず弱音を吐きたくなるようなこともあるでしょう。

仕事がたいへんな人は、「今日も上司の命令で残業だ」「なんで自分がこんなことまでやらされるんだ」と文句のひとつも言いたくなる。家に帰れば帰ったで、「夫が家事を手伝ってくれない」「妻がガミガミうるさくて、かなわない」などとため息が出る。

私自身、気づかぬうちに「いや、今日は疲れたな」などとつぶやいていることがたまにあります。心筋梗塞や前立腺がんなどの大病を患い、いまも毎日十種類以上の薬を飲む身。決して丈夫だとはいえません。だから、からだの調子が悪いと、つい弱気になってしまうのです。

「疲れたな」とからだが感じたままを口にするだけなら、まだいいのです。皮膚をつねれば「痛い」、火に近づけば「熱い」と同じで、それは単なる体

心配しなさんな。悩みはいつか　消えるもの

感だからです。

ところが、たいていの場合、ここから言葉をつかって考えてしまいます。私なら、「年だな、もうだめかもしれない」などと不安になって明日を憂う。こうなると、ただの体感が愚痴になります。

残業をしてヘトヘトになったときも、「そういえば先週も残業させられた」「これだけがんばっても、給料は変わらないからいやになる」などと言葉をつなげればつなげるほど、それは愚痴になるのです。

やっと仕事が終わっても、心が晴れるどころか気持ちは暗く滅入ったまま。これでは人生の貴重な時間がだいなしです。

では、言葉をつなげないためにはどうしたらいいか。それには思考の流れを断ち切ってしまうのがいちばんです。

簡単なのは、愚痴を言いたくなったら、べつの言葉をつぶやくこと。私がおすすめするのは「ありがとさん」です。「ありがとさん」は、「存《あ》り難《がた》し」、つまり「あり得ないこと」を意味します。起こったできごとがどんなにつらく苦しいことだったとしても、それは人生で一度しか出合えない貴重な体験です。「ありがとさん」は、その事実の不思議さをただ実感する言葉です。

もっとも、言葉の意味は関係ありません。「ありがとさん」は、後ろ向きな思考を止めるのが目的です。意味など考えないほうがいいのです。

いやなことがあったら、「ありがとさん」。心配事が浮かんできたら「ありがとさん」。ときには「ありがと、ありがと、ありがとさーん♪」などとメロディにのせて、お気楽にうたってみるのもいいでしょう。

騙されたと思ってでもいいので、ぜひやってみてください。暗い気持ちが吹き飛んで、日々心安らかにいられるはずです。

幸福地蔵

人と人の絆づくりは、「お早うございます」の挨拶から。

挨拶が苦手な人、しない人が増えています。

最近では、「子どもに、知らない人と話すのを禁止しているから」という理由で、同じマンションの住人同士でも、あえて挨拶しないことを取り決めた、などというニュースもありました。

物騒な世の中になり、防犯上しかたないことなのかもしれません。それにしても、世知辛《せちがら》い時代になったものです。

社員同士、朝会っても挨拶しない会社もあると聞きました。面と向かって口をきかなくても、それぞれの机の前のパソコンを開けば、そこに「お早うございます」のメールが入るからだそうです。

直接声をかけたほうが手っ取り早そうな、すぐ後ろや隣の席の人とでさえその方式だというのですから、あきれます。

猫や犬でも、道端で出会えば鼻と鼻とつきあわせて挨拶のようなものをか

わしています。それなのに、人間だけが礼儀を忘れかけているのです。

挨拶など堅苦しくて、もう古くさい習慣なのでしょうか。

いいえ、そうは思いません。

人間は、ひとりで生きているわけではありません。

いろいろな人がいれば摩擦も起こるでしょう。そんななか、明るく挨拶することが、人と人とをスムーズにつなげてくれるのです。

もとをたどれば、挨拶は、禅問答からきています。

「一挨一拶《いちあいいっさつ》」といって、師匠が弟子に声をかけ、相手の悟りの深さをはかるために丁々発止《ちょうちょうはっし》の問答をかわすことをさしています。

一問声をかけるたびに、師匠は弟子の様子を見て、その成長ぶりを見定めます。そうした師弟の触れ合いが、一般社会では、相手と心を触れ合わせる手段としての「挨拶」へと変化したのです。

もちろん、現代の挨拶は、禅問答のように相手の悟りを見るわけではありません。しかし、「お早うございます」の声や表情から、「今日は元気がいいな」とか、逆に「何か心配事でもあるのかな」など、相手の様子を知ることができます。そんなことがお互いの理解を深めるきっかけになるのはたしかです。

顔見知りの人への挨拶だけではありません。

朝は、駅員さんやコンビニの店員さんなど、知らない人にでも「お早うございます」と声をかけても、おかしくありません。

大きな声で挨拶されれば相手も嬉しいし、何より自分が気持ちいいものです。少々の悩みがあっても、きっと「さぁ、今日もがんばるぞ」と心を切り替えることができるでしょう。

今日から、朝出会った人に「お早うございます」と声をかけてみませんか。

「人目」を気にして生きる。

道端にしゃがみ込んでものを食べたり、電車のなかで化粧をするような行為について、新聞などでその是非がよく話題になります。

大人が「人に見られて恥ずかしくない行動をしなさい」と言えば、「人の目なんか、関係ない」「何をするかは、本人の自由でしょ」と反発する若い方もいらっしゃるでしょう。マナーや道徳は、「古くさい」「束縛だ」と感じるのかもしれません。

けれど、人間は、ひとりで生きているわけではありません。社会のルールは、集団のなかでそれぞれが心地よく暮らすために、長年かけて生み出された生きる知恵なのです。それを無視することを、「自由」とはき違えてはいけません。

見方を変えれば、人目があるからこそ、私たちは自分を戒め、抑制することができるのです。誰に見られても恥ずかしくない自分でいようと、服装や居ずまいを正そうとする。その緊張感が、自分を高めてくれるのです。私など誰も見ていなかったら、一生ずぼらを決め込み、修行もせずに毎日だらだらと暮らしていたことでしょう。

いや、本当の話です。しばらく私の体験談におつきあいください。

戦時中、私は海軍兵学校で厳しい訓練を受けておりました。しかし、敗戦。失意とともに、やむなくふるさとの宮城県に帰りました。

その後、闘病を経て大学へ入学しましたが、親元での暮らしは、規則もなければ厳しい監視の目もありません。やる気を失い、いつしか私は万年床のぐうたら暮らし。「こんなはずではなかった」とは思うものの、自分の無気力をどうすることもできませんでした。

これではいけないと仙台の禅寺へ入れてもらい、修行生活をしながら通学しました。厳格な規律があり自由がないのが、逆に私には合っていたようです。やっと生活にけじめがつき、からだも精神も整えることができました。

卒業後正式に仏門に入って僧になったのは、自分のような怠け者には、こうした生活をする以外に道はないと痛感したからです。

十年以上修行をし、さすがにこれで私の性根もよくなっただろうと、福井県の寺の住職になりました。三十六歳のときです。

しかし、山寺でひとり暮らしていると、なさけないことに、またも生活が乱れはじめました。はじめは朝早く起きて坐禅をし、お経を読み、掃除もしていたのですが、一か月もしないうちに朝起きられなくなり、再び万年床のぐうたら生活に逆戻りです。

そこで、郷里から母がきたとき、なけなしの金を出してもらって、寺につり鐘をつくりました。毎朝決まった時間にゴーンと鐘をつかなければ、「ぼんくら和尚が、さぼっている」と近所の人の噂になります。

それがつらければ、はってでも万年床から起き出すだろうとの苦肉の策でした。そこまでしなければ、自分を律することができなかったのです。

曹洞宗には「大衆《だいしゅ》の威神力《いじんりき》」という言葉があります。

大衆とは修行僧のことで、多くの僧と一緒に修行することにより、ひとりでは出せない力を発揮するという意味です。

たしかに人目に縛られるのは、わずらわしいし不自由かもしれません。しかし、人間とは弱い生き物です。人目という他律があってこそ、自律が保てるのです。また切磋琢磨し合って、お互いを磨くことができるのです。

自分を取り巻く社会があり、そこに他者がいてくれることに、感謝しなければなりません。

生活が乱れたとき、どうしても活力がわかないとき。積極的に人の輪のなかへ入っていってはいかがでしょう。落ち込んでいるからといって、自分ひとりで閉じこもらないことです。

趣味の集まりに参加するもよし、友人を誘って旅行や食事の会を催すのもよし。人の目にさらされて服装を正し、背筋をピンと伸ばすだけでも、精神によい影響を与え、気持ちが明るくなるものです。

私も九十歳になり、さすがに清掃や托鉢行はできなくなりました。しかし、坐禅や朝の勤行、食事は、いまも若い修行僧たちと一緒に行っています。何歳になっても、人目が、私を律してくれるのです。

心配しなさんな。悩みはいつか 消えるもの

つねに人に対して謙虚であれ。
そして、優しさと
思いやりの心で接しましょう。

私が尊敬する良寛《りょうかん》和尚は、江戸後期の禅僧であり歌人です。良寛さんといえば、子ども好きで無欲枯淡な人柄で有名です。生涯寺を持たず質素な生活を貫きながら、人々にわかりやすく仏法を説きました。

その良寛さんが残したものに「戒語《かいご》」というものがあります。人と接するうえで、これはやってはいけないという自戒の言葉を書き連ねたもので、「どうしたら、いい人間関係がつくれるだろうか」と悩む人には、ぜひおすすめしたいものです。

良寛さんの「戒語」は、かなりの数にのぼるのですが、ここでその一部をご紹介したいと思います。

一、おのが意地を言いとおす。

一、人にものを呉れぬ先に、なになにやろうと言う。

一、呉れてのち、人にそのことを語る。
一、人のことを、よく聞かずして答える。
一、よく知らぬことを、はばかりなく言う。
一、憂えある人のかたわらに、歌をうたう。
一、まことらしくものを言う。
一、親切らしくものを言う。
一、人に会って都合よく、とりつくろって言う。
一、人をおだてて、なぐさむ。
一、人の言葉を笑う。
一、じまんばなし。
一、ものしり顔に言う。
一、おのが氏素性《うじすじょう》の高きを、人に語る。

一、学者くさきはなし。
一、茶人くさきはなし。
一、問わず語り。
一、さしでぐち。
一、ことばの多き。
一、かえらぬことを、幾度も言う。
一、さしたる事もなきことを、こまごま言う。
一、腹立てる人に向かって、道理を言う。
一、客の前にて人を叱る。
一、こどものこしゃくなる。

「うん。わかる、わかる」と思い当たることが多いのではないですか。私なども、ときに苦笑し、ときに冷や汗が出るばかりです。

良寛さんの「戒語」は、九十条まであるといいますが、共通して訴えているのは、自分を律することや、謙虚さ、慈悲の心の大切さです。

禅語には、「和顔愛語《わげんあいご》」という言葉があります。

人に対しては、つねにやわらかな笑顔で、愛と思いやりの心のこもった言葉で接すること。その精神は、良寛さんの「戒語」に通ずるものです。

きつい言葉で相手を傷つけてしまうことがあります。

一瞬は「言ってやった」といい気分かもしれません。しかし、その場はよくても後味が悪く、結局、自己嫌悪で最後は自分も傷つくのです。

その意味で、言葉は「言刃」でもあります。つねに相手の立場に立ち、言葉づかいには気をつけたいものです。

私の生まれた宮城県では、お米のことを「およねさん」といいました。米に「お」と「さん」の敬称をつけて「およねさん」。だから、ありがたくて、もったいなくて、一粒たりとも残したりはできません。

このように、言葉は人の行動をつくるものでもあります。

良寛さんのように、人に愛され敬われる人になるためにも、自分の口から出る言葉は、いつも正しく、誠実を心がけたいものです。

人には年齢に応じた
「初心」がある。
何歳になっても、
「うぶ」な心を大切に。

「初心忘るべからず」とよくいいます。これは能楽を大成した世阿弥が『花《か》鏡《きょう》』のなかに書き残した言葉。そこには、
「是非とも初心忘るべからず
時々の初心忘るべからず
老後の初心忘るべからず」
とあり、能を極めるのであれば、「未熟だったころの気持ちを忘れてはいけない」と説かれています。
仕事でもなんでも、多少経験を積むとわかった気になって、つい気がゆるみ、失敗してしまうことがあります。また、すっかり慣れっこになって、はじめたころの緊張感や新鮮な喜びを忘れてしまうこともあります。
そんなとき、「初心忘るべからず」は、自分を戒め、もう一度奮い立たせてくれるよい教訓になるのです。

さて、世阿弥のいう「是非とも初心忘るべからず」の「是非とも」は、能を習いはじめたばかりの幼年期を意味します。次の「時々の」は、青年期。そして「老後の」は、文字通り高齢期をさしています。

つまり、若いころだけでなく、何歳になってもその年齢に応じた「初心」があり、つねにその心を忘れてはいけないということです。

能もまた禅の影響を受けています。ですから禅の真髄である「いま、ここ」を大切にし、日々一瞬一瞬を初心で取り組もうと教えているのです。

私も、「老後の初心忘るべからず」を身をもって体験したことがありました。七十四歳のときのことです。

曹洞宗には、大本山永平寺と大本山總持寺の二大本山があります。私は、その大本山總持寺の貫首という重責を任されました。

私のようなぐうたら和尚が貫首とは面映ゆいばかりです。

しかし、そんな私にも「初心」がありました。それは、この大本山を坐禅道場として充実させること。また、開かれた本山として、もっと一般の方々が参拝しやすい環境づくりにも、熱意を燃やしていたのです。

ところが、貫首の忙しさは想像を絶しておりました。

一住職としての仕事だけでなく、大本山としての行事やイベントがあり、各地で催される坐禅会や講演会などに呼ばれ、全国をまわらなければなりません。ひとり静かに坐禅を組む時間さえ、ままなりません。

外出するときはいつも運転手付きの高級車で送迎され、まるで絹の座布団の上に座らされているような生活でした。

若いころから、私は、良寛さんという、生涯俗世に背を向け質素な暮らしをしながら、究極の解脱を得た和尚さんを目標に、がんばってきました。貫首であろうとも、まだ修行途中の身なのです。

それなのに「偉い、偉い」とあがめられ、だんだん自分が自分でないような居心地の悪さがつのりました。禅の道場の洗い清められたような質朴さが恋しくなってきた。

そうなると、居ても立ってもいられなくなりました。

貫首として四年九か月を務めたとき、私は、意を決して職を退きました。そして手甲脚絆《てっこうきゃはん》に草鞋《わらじ》履き、網代笠《あじろがさ》を手にした雲水行脚《うんすいあんぎゃ》の姿になり、大本山總持寺をあとにしたのです。

「急ぐな　休むな　夢を追え　　興宗」

私が八十二歳のときに書いた色紙の言葉です。

その後、私は「老後の初心」に戻って、新しい修行道場・御誕生寺をつくり、いまも若い僧たちとともに修行の日々をすごしています。何歳になっても、一から、いやゼロからスタートできるものなのです。

心配しなさんな。悩みはいつか　消えるもの

「定年をむかえて、何をしていいかわからない」

「何かしたくても、もう年だからできっこない」

そんなふうに悲観したり、あきらめたりしないことです。

短歌や俳句、絵画をはじめてみるのもいい。何か興味のある分野を研究してみるのもいい。

人には年齢に応じた初心があるものです。感激や感動をおぼえる「うぶ」な心さえあれば、たとえ何歳であろうと夢は追えるのです。

残りの人生を「余生」などとうそぶいていては、うら寂しくなるばかりです。いつだって「いま、ここ」が本番です。

いまの実感が「いのち」なのです。

頭で歩かず、足の裏で歩く。

金沢の大乗寺で住職を務めていたころ、「足の裏で歩め」と書いて廊下にかかげたことがありました。

足の裏で歩めといっても、靴や草履を履くな、ということではありません。一歩一歩大地をしっかりと踏みしめる、そのからだの感覚を、足の裏から実感してほしいという意味です。

なぜなら、人はどうしても頭で歩いてしまうからです。

頭で歩くとは、「あーだ、こーだ」と考え事をしながら歩くこと。「こんな寒い日に仕事へ行くのはいやだな」「なんでタクシーの一台も通らないんだろう」「いま、何歩歩いたかな」などと、頭ばかりがフル回転していることが多いのではないですか。

歩くというのは、全身の筋肉や神経をつかうことです。

私はいまでも車椅子などはつかわずに、自分の足で歩きます。人につかまることも、手を引かれることもありません。自分の足で歩くのは、この足の筋肉や神経の動きを「実感」するためなのです。それが、「いのち」そのものを感じることだからです。

頭で考えるばかりで、いのちを実感しないのはもったいないことです。

一度足元を見直しましょう。

禅では、このことを「脚下照顧《きゃっかしょうこ》」といいます。

この言葉を見て、「ああ、お寺の入り口にそう書かれた札が下がっているね」と気づかれた方もいらっしゃるでしょうが、あれは、「履き物をそろえなさい」という意味の注意書き。もちろん、それも大事なことです。

しかし、「脚下照顧」には、もう少し深い意味があるのです。

それは、「真理は外に求めるのではなく、内に実感しなさい」ということ。

内とは、まさに自分自身のからだです。

心配しなさんな。悩みはいつか　消えるもの

坐禅ではなく「歩禅」という歩く禅行もあるくらいです。一歩一歩足の裏を感じて歩けば、「いま、息をして」「いま、生きている」いのちの喜びを、実感することでしょう。

自分を見失いそうになったとき、悩んだとき。歩く実感で心のモヤモヤを吹き飛ばしてください。

歩くことで血行もよくなり、脳も活性化します。

ストレスが軽減され、快眠体質になるなど、いいことづくめです。

朝のウォーキングを習慣にするのもいいでしょう。

時間がない人は、通勤途中や買い物へ行く道の五十歩、百歩でもいいのです。ぜひ足の裏を実感してみてください。

もう頭で
よけいなことを考えない。
年を取るのもいいものです。

招き猫
おみくじ

定年になって「毎日が日曜日」の方もおられるでしょう。

朝、目が覚めたとき、「また長い退屈な一日が始まるぞ」「今日は何をしてヒマをつぶそうか」と戸惑っている方もいらっしゃるかもしれません。

「年は取りたくないものだ」、そんな声が聞こえてきそうです。

しかし、年を取るのはそう悪いものではありません。九十歳を超えた私がいうのですから間違いありません。

若いころは頭のなかでいろいろ考えをめぐらせました。

たとえば、きれいな景色を見れば、「この土地は、坪いくらぐらいかな」「ゴルフ場にしたら儲かるかも」などとつい考える。

海を見ても紅葉を見ても、「写真を撮っておかなきゃ」「今度、恋人を連れてこよう」など、頭のなかはべつの目的でいっぱいになってしまうのです。

ところが年を取ると、あとはもう死ぬだけ。さしたる目的などなくなります。だから、すべてを純粋に楽しめるようになるのです。

若いときは胃袋を満たすためにただがむしゃらに食べたのが、いまは、ゆっくりと味わう。好きな歴史や文学の勉強も、昔のように試験でいい点数をとるためではないから、楽しくてしかたない。

もう恋愛も卒業ですから、美しい女性を見ても「ああステキな人だな」と敬意をおぼえるだけで、心が乱れない。

目の前の山々を眺めていると、自然に山々と一体になる。

つまり、禅の境地である「いま、ここ」を、自然に体得できるというわけです。

竹の葉が風にサラサラと揺れる音や、ちょろちょろと流れるせせらぎの音。庭一面に散る落ち葉や枯れ草のたたずまい……。

私には、こうした生活が人間本来の暮らしに思えてなりません。そして、そんな暮らしを喜べるのも、年を重ねたからこその醍醐味なのです。
人生の終盤になって、「ごくあたりまえの自分でよいのだ」と気づく。
そんな生き方もよいのではないでしょうか。

ただ息をしている。
ただ生きている。
それだけで素晴らしい。

ひところ、若い人の間で「自分探し」という言葉がはやりました。

自分とはなんだろう、生きる目的とはなんだろう……。

そんな疑問をもって哲学書や宗教書を読みふけったり、あちこち旅に出た人もいるでしょう。

私も大学生になったばかりのころは、そうでした。

哲学関係の教授に向かって、「先生、人生とはなんですか」「自分とはなんですか」と、いつも同じ質問を繰り返し、同級生から「同じことばかり聞いて、あんた、よほど頭が悪いな」と笑われたこともありました。

仏道の修行をし、いまならわかります。

自分とは、書物のなかや外の世界で見つかるものではありません。

では、どこに「自分」がいるのでしょう。その答えは簡単です。

人は誰でも呼吸をしています。誰に教わったわけでもないのに、スーハーと自然に吸って吐いてを繰り返しています。そのひと息、ひと息が、自分のいのちであり、自分という存在です。

生きるとは、すなわち呼吸をしていることなのです。

このひと息、ひと息を、ただ感じていればいいのです。

そこに意味や目的を見い出そうとするのも徒労です。「なぜ呼吸をしているのだろう」と問うのは、「どうせトイレに行くのに、なぜ食べるのだろう」と問うのと同じこと。いくら考えても答えなどありません。

頭でっかちにならないことです。

息をするのは、あまりにもあたりまえ。なので、人はなかなかそこに注目することがありません。しかし、自分から「呼吸をしよう」と思わなくても、自然に息づいているというこの事実！　ここにいのちが息づいているのです。

「出息入息《しゅっそくにゅうそく》　不待命終《ふたいみょうじゅう》」というお経の一節があります。

「出る息は入る息を待たず、いのち終わる」の意味です。吸った息が吐き出せなければ、また吐いた息が吸えなければ、そのときが死です。

どれほどもがこうと、人間、いつかその日がやってきます。いま、このひと息に自分のいのちを実感しましょう。

過去はすでにすぎたこと。悔やむ必要はありません。

未来はまだ来ぬもの。心配する必要はありません。

過去も未来も手放して、息をするいまこの瞬間、瞬間を、一生懸命に生きていこうではありませんか。

「どう死ぬか」より、
「どう生きるか」が大事。
死んだあとのことは、
死んでから考えよう。

できれば死ぬときくらい、ひとさまに恥じぬよう、多少は恰好をつけて逝きたいものだ、などと考えます。私なら端然と坐禅をしたまま、ニコッと笑ってそのまんま……、というのがよいでしょうか。

しかし、最近ではそんなことも考えなくなりました。

いくら考えたところで、その通りに死ねるものでもないからです。「死にたくない」と叫ぶかもしれないし、最後まで「痛い、痛い」と泣き言をいうかもしれません。そうなったらそうなったで、まぁ、いいかと思うのです。どんなに心の準備をしても、そんな準備とは関係なく、死ぬときは自然にフッと息がこと切れるのではないでしょうか。

夜、手紙を書いているときなど、「眠ってはいけない、いけない」と思いながらも、いつのまにか眠り込んでいることがあります。死も、そんな感じかもしれません。

そもそも、「どんなふうに死ぬのか」などと考えるから、死が恐いのです。「死んだらどうなる」と想像するから、不安なのです。

いくら考えたって、死ぬときは死ぬ。また、死んでからのことは、死んでみないとわかりません。

わからないことをあれこれ考えるのは、夢のなかでひとり相撲をしているようなものではありませんか。

死の恐怖から逃れる唯一の道は、死について考えないことです。

死が気にならなくなることです。

そのためには、生きているいまに生きがいを感じ、日々をすごすのがいちばんです。あとで「あれもやれたのに、これもやっておけばよかった」と未練を残さないように、いま、やりたいことをやりきりましょう。

そして、目の前の一杯のお茶を飲んで「ああ、幸せ」。

庭の花が咲いたら「ああ、きれいだな」。そんなふうに一瞬一瞬を楽しみながら生きていけばいいのです。

論語のなかに、「いまだ生を知らず、いずくんぞ死を知らん」という一節があります。「まだ生きていることもわからないのに、どうして死のことがわかろうか」という意味です。

「どう死ぬか」より、「どう生きるか」かが大事です。

一生懸命生き抜いて死を迎えれば、たとえどんな死に方でも、それはいい死なのだと思います。

心配しなさんな。悩みはいつか 消えるもの

おわりに

年を重ねるにつれ、何事も「少しずつ」になりました。

食事も一度にたくさんは食べられません。少し食べては、あとで腹が減ったら、冷蔵庫をあけて団子をいただいたりします。

睡眠も一度に長い時間は眠れません。寝床にもぐってもなかなか眠れず、少しうつらうつらしたかと思ったところで、また目が覚める。細切れですが、全部あわせて、だいたい三時間程度の睡眠です。

年齢とともに、からだも変わります。若いころと比べて嘆いてみてもしかたありません。これが九十を超えたからだです。

一方で、いまも「少しずつ」ではありますが、絶対に欠かさないのが、坐禅です。朝二時間、夜一時間。これを欠かしたことがありません。坐禅会などがあれば、一日五時間坐ります。

坐禅は私にとって修行ではなく、歯を磨いたり顔を洗ったりするのと同じ、日々の習慣なのです。やらないと気持ちが悪く、落ち着きません。

もう何十年も前から、「へそくり坐禅帳」というものをつくって、一日に坐った時間を書きつけています。

坐禅堂で坐るのは、朝二時間と夜一時間程度ですが、この帳面には、ひとりで部屋で坐る時間もつけています。だから、「へそくり」。誰にも知られず、こっそり坐っている時間をつけているのです。

最近は昼食の前後、夕食の前後、時間のゆるすかぎり庭先の椅子に腰かけて、前方の山々を眺めています。山とひとつになって息づきながら、これが、わがいのちであり、これが禅そのものだなあと、ひとり喜んでおります。
毎日のからだの動きそのものがいのちであり、禅そのものであること
を「実感」しつつ生きております。
若いころは、何をするにも「何のために」と自問自答しておりました。
しかし、いまは、ひと呼吸、ひと呼吸を喜んでいる毎日であります。
昔の悩みごとはサラサラと川のように流れて消えていきました。
どうか、みなさんも「いま」を大切に。
何かあっても「ありがとさん」で、気楽に生きていきましょう。

板橋興宗

二〇一七年　七月

板橋興宗（いたばし　こうしゅう）

1927（昭和2）年宮城県生まれ。海軍兵学校76期。東北大学卒業。1953（昭和28）年、渡辺玄宗禅師について禅門に入る。その後8年間、井上義衍老師に参禅し、修行する。福井県武生市・瑞洞院住職、石川県金沢市・大乗寺住職などを歴任し、1998（平成10）年、神奈川県横浜市・大本山總持寺貫首、曹洞宗管長に就任。2002（平成14）年、貫首、管長の公職を辞し、石川県輪島市・總持寺祖院住職を経て、現在、福井県越前市・御誕生寺住職。御誕生寺は「ねこでら」として親しまれ、観光スポットになっている。

Faceboook：https://www.facebook.com/gotanjouji/
公式ブログ：https://blogs.yahoo.co.jp/gotanjouji

心配《しんぱい》しなさんな。
悩《なや》みはいつか　消《き》えるもの

発行日　2017年　8月 10日　第1版第1刷

著　者　板橋《いたばし》　興宗《こうしゅう》

発行者　斉藤　和邦
発行所　株式会社　秀和システム
〒104-0045
東京都中央区築地2丁目1−17　陽光築地ビル4階
Tel 03-6264-3105(販売)　Fax 03-6264-3094
印刷所　日経印刷株式会社

ISBN978-4-7980-5169-7 C0095

御誕生寺
（ごたんじょうじ）

〒915-0043
福井県越前市庄田町32
Tel.0778-27-8821

お振込先：郵便振替
00710-6-50054

曹洞宗太祖・瑩山紹瑾（けいざんじょうきん）禅師（1268～1325年）の誕生の地である福井県越前市に、10年ほどの歳月をかけて再建された。2009（平成21）年に落慶。曹洞宗の僧侶を育成する専門僧堂である。数多くのねこが暮らすことから、「ねこでら」として人々に親しまれている。